Coquettish

| コケティッシュ |

色っぽい女の子

寝起きれーちゃん

朝、起きたら……運命の女、ファムファタルが目の前に。
ずっと思い続けてきたれーちゃんが
ボクの元に舞い降りた？　ん？
つまり召喚されたってこと！？　これは正夢？

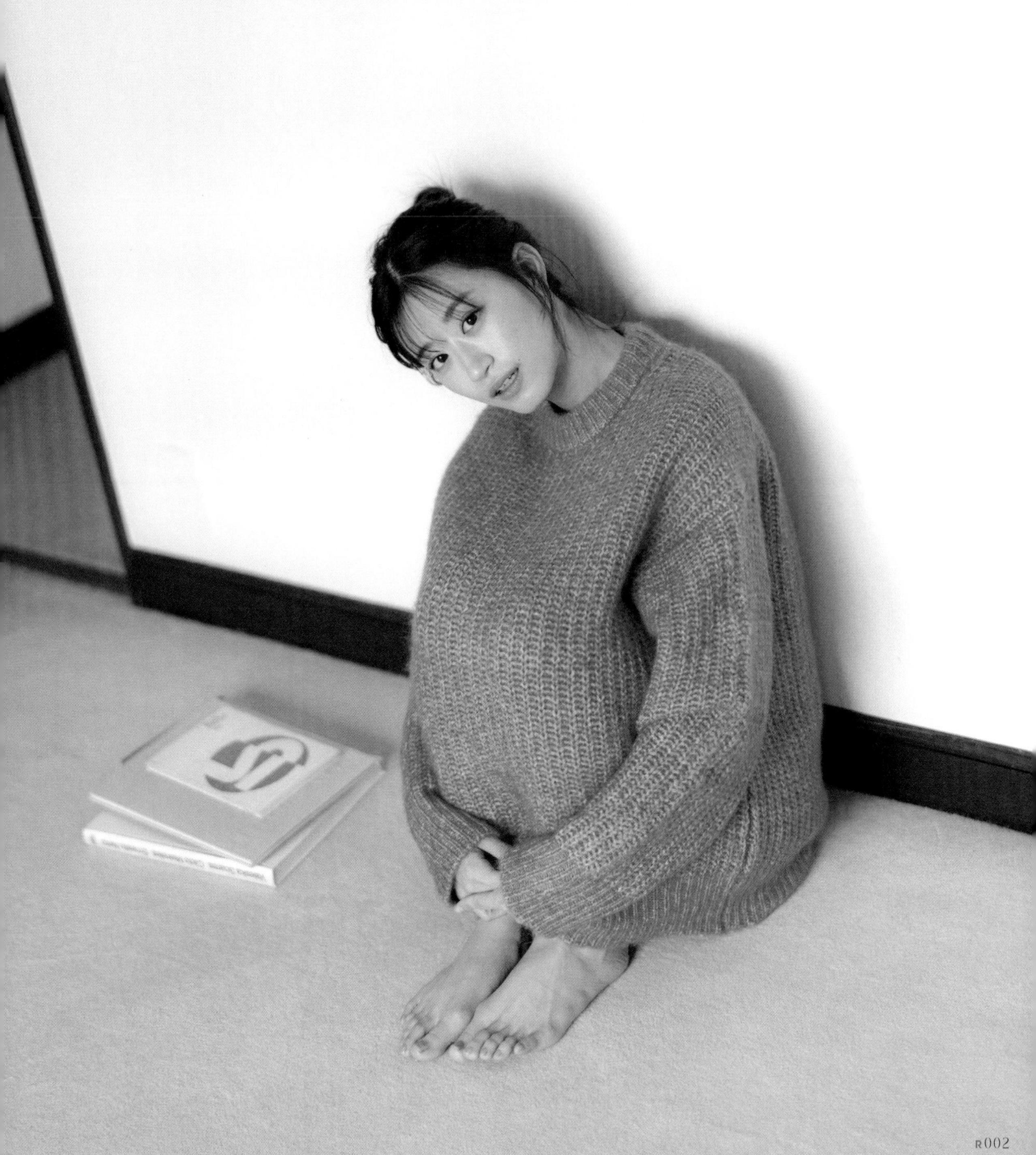

9 Biennale
Middelheim
Antwerpen
1967
TERRY WINTERS

メイド風コスプれーちゃん

純白メイドさんがトーストをくわえて立っていた。
あ、ボクの分まで作ってくれるの？
目玉焼き焼いてくれてる。
「どちらがお好みですか？」
あ、あ、め、目のやり場に困ります……。
これはもう夢の中の出来事に違いない。

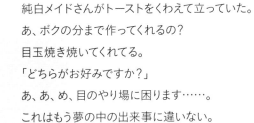

お庭でピクニックれーちゃん

「おやつの時間ですよー♪」
カジュアルなサロペットで現れたれーちゃん。
メイクもヘアも可愛すぎるし、肌もきれい。
えっ、それその下って着てないんですか？
「教えてあげなーい」だって。

FRUITY
Rocky Mountain

うさみみ れーちゃん

「寂しいから遊んで♡」なんて、
うさみみが生えてきたれーちゃんと
お部屋の中で二人きりで追いかけっこ。
ピンクの可愛いバニーちゃんを追っていくと……。

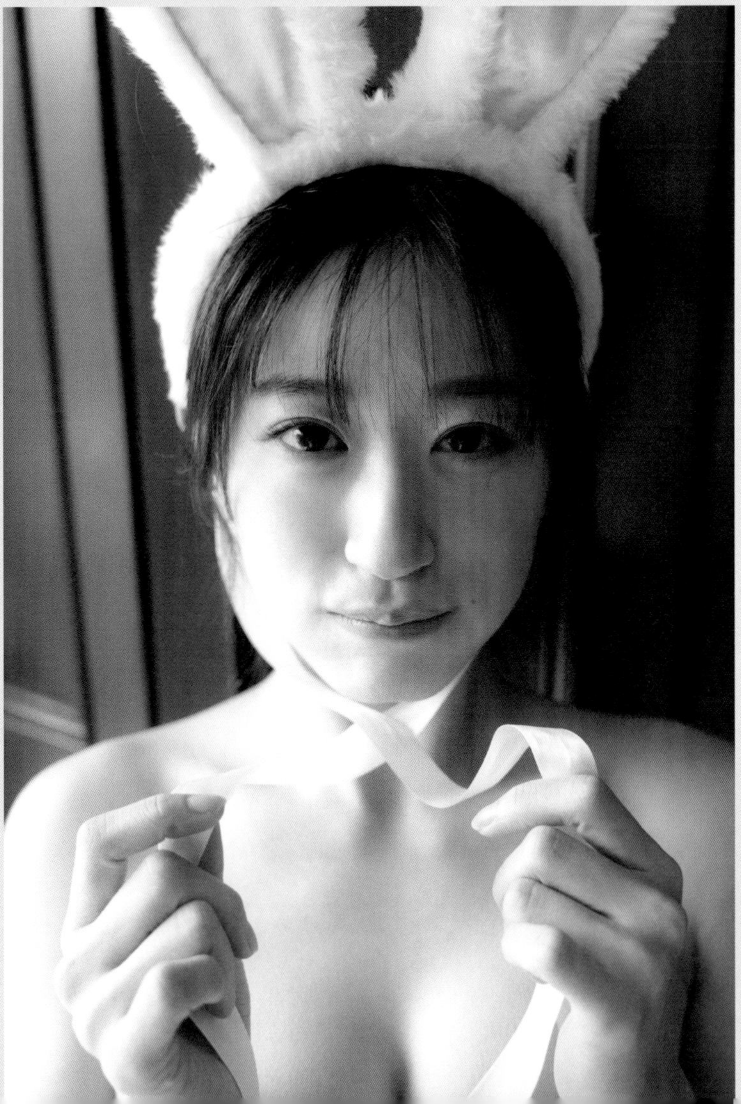

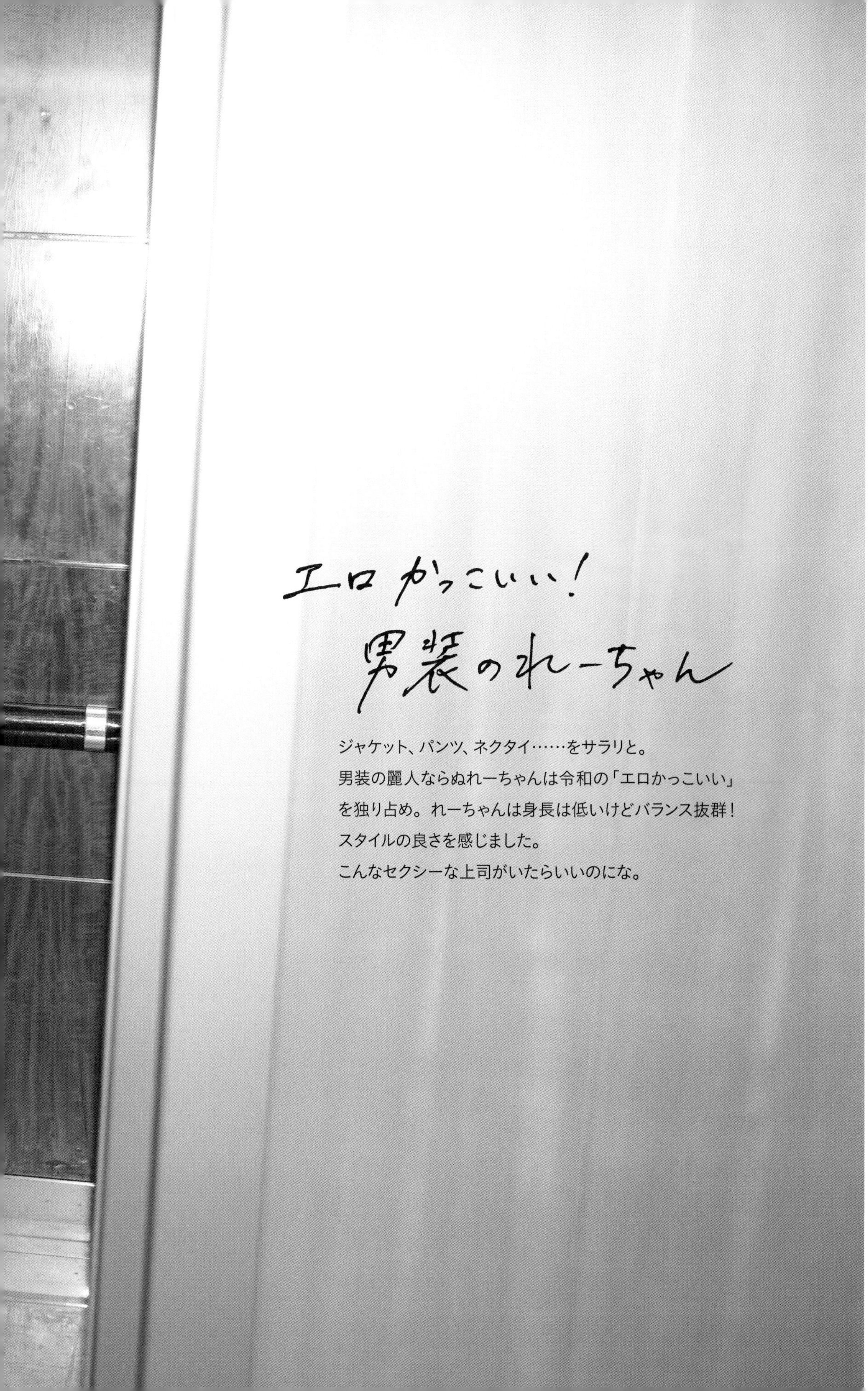

エロかっこいい！
男装のれーちゃん

ジャケット、パンツ、ネクタイ……をサラリと。
男装の麗人ならぬれーちゃんは令和の「エロかっこいい」
を独り占め。れーちゃんは身長は低いけどバランス抜群！
スタイルの良さを感じました。
こんなセクシーな上司がいたらいいのにな。

お風呂でフラワー癒やされーちゃん

もしかしたら映画で見た「空気人形」なのでは？それともAIのなにか？
れーちゃんはひとりで勝手にシャワーにいってしまった。
「ねえねえ見て見て」と呼ばれた先には……
お花に囲まれたれーちゃんが！

匂艶 The Night れーちゃん

もしもこんな年上の憧れお姉さんがいたら？
妄想が高まるブラックのランジェリー
セクシーすぎるチョーカーや
艶やかなレースが魅力的。
シンプルだけど色っぽさマックス！

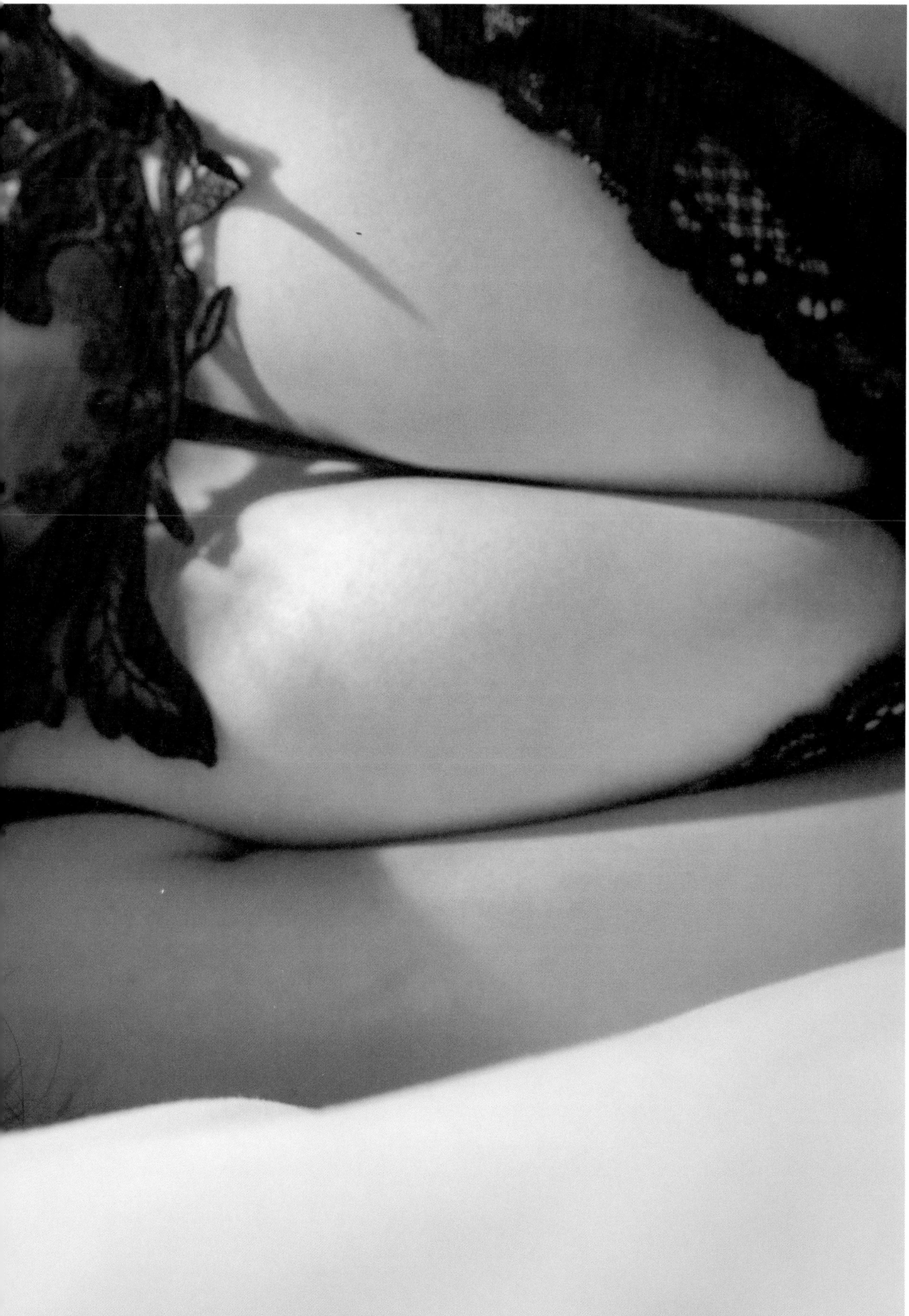

I'm wearing

何か着てみれーちゃん

寝ぼけ眼でシーツと戯れるれーちゃん。
起きたてのすっぴんもめっちゃ可愛すぎ
えっもしかして……
安心してください！履いてますよきちんと

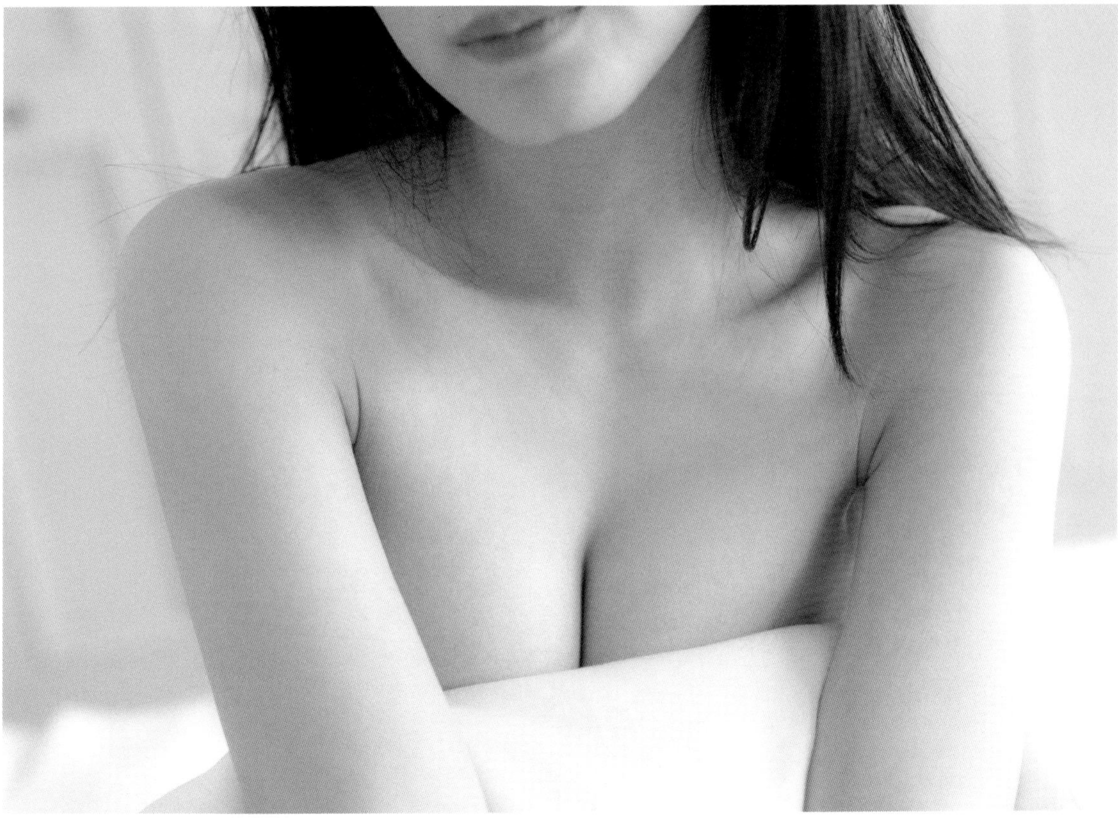

グラビアと私？

“グラビアが自信がなかった私を助けてくれました”

Rei INTERVIEW

Coquettish

｜コケティッシュ｜ 色っぽい女の子

「あ、グラビアはもしかして私の武器なんかな？」って意識をしはじめました。

Rei Inter view

——アイドル界のグラビアクイーンの座をモノにしたれーちゃん。「グラビアと私」というテーマって今はどう思ってる？

怜　グラビアは自分に自信をくれるお仕事だって思っています。自信がない、不安な時期に私を助けてくれたともいえますね。

——それはどういう種類の「自信」に繋がった？　たとえばカバーを飾ることが増えたり、雑誌での出演が増えたり？

怜　ＮＭＢ48に入ったとき、私は周囲とも比較して、これといった武器がなかったんです。グラビアのお仕事をはじめてから、周囲の方に褒められることが増えていって。もちろんファンの方にも握手会のときに言われたり。「あ、グラビアはもしかして私の武器なんかな？」って意識をしはじめました。

——グラビアのカバーガールとして雑誌の表紙を飾ったのって始めてどれくらい？

怜　あ、でも、わりと結構すぐにさせていただけたんですよね。中学校卒業してから雑誌のグラビアに出はじめて、そこからまた結構表紙をさせていただいたり。今までやってこなかった雑誌も出させていただいたりして。順調だったんですけど、いわゆるグラビアページをできなくなった時期がありまして……。自分の武器やと思っていたものがなくなってしまったので。結構自信もなくなっていったんですけど、またできるようになってからは「やっぱりグラビアはれ～ちゃんだね」みたいなことをファンやスタッフの方にいわれるようになったんですよね。それでまた改めて自信が出てきたんです。

——ここ1年も積極的にグラビアの中での表現の幅もかなり広がっているのでは？

怜　そうなんです。ずっとやりたかった撮影とか、夢も叶いました。ファンのみなさんと考えた企画とか、今回のスタイルブックも含めて最近はすごいさせていただいて。スタイルブックでは前回から「コスプレっぽい衣装」に挑戦できましたし。ほんとにステージでのアイドルとしての表現力とかもグラビアで学んだものだったりするので、今のアイドルとしての私を作ったのもグラビアのお仕事のおかげだと思っています。

——グラビアでの露出でもＮＭＢ48をしっかり引っ張ってますよね。ちなみにファッションモデルとグラビアモデルの時の考え方違いとか、どうやってるのかなって？

怜　そうですね、写真を撮られるのは一緒ですけど見せる部分が違いますしね。やっぱりポーズとかも全然違ったり、グラビアは自分の身体を形としてどれだけキレイに見せるか、とか。洋服は服を作ったコンセプトも考えて、シルエットやディテールを全身でどう見せるか？とか。違うように見せているけど雑誌の向こう側にいる皆さんを意識しています。モデルのほうが素の自分を撮ってもらおうって

「なんで好きになってくれたん？」って聞いたら
「グラビアで好きになって」とか
「そこからNMB48を知ったよ」って
言ってくださるかたが増えて
すごく嬉しいんです。

気持ちでやってて、グラビアのほうは綺麗な自分をみせないとって。撮られてるときはそんなイメージで考えてますね。

——どうやってポーズなどの研究や勉強しているんですか？

怜　グラビアを始めた頃は、美瑠さん（白間美瑠）と一緒の撮影やったときとか、先輩方と一緒の撮影やったときに、現場で撮影されたカットやオフショットとかを見たりして、あ、こういうポーズもしていいんやとかを研究していました。あとはカメラマンさんに基本を教えてもらったりして、勉強しましたね。

——撮影前とかグラビアの撮影は朝も早いですし、準備も大変だと思うんですけど、グラビアの仕事が嫌になった瞬間っていうのはないんですか？

怜　そうですね、それが全然なくて（笑）、毎

回楽しいんです。この1年くらいはファッションモデルをやったり、グラビアをやったり、バランスが取れてるような気がするので。

——インスタグラムなども意識してアップしていて、NMB48以外のファンのかたも増えているように感じませんか？

怜　最近だったら握手会などのイベントもようやく再開されるようになったので、リアルに感じますね。直接会えるタイミングで、今まで直接聞けなかったファンの方々にも、「なんで好きになってくれたん？」とか「そこからNMB48を知ったよ」って言ってくださるかたが増えて。すごいですよね。もう広報宣伝係！「グラビアで好きになってくれたん？」とか聞いたら「グラビアで好きになって」とか「そこからNMB48を知ったよ」って言ってくださるかたが増えてすごく嬉しいんです。

——グラビアをたくさんやっていて「ライバルは？」とか聞かれることもあるんですけど、

いないんですよね。いっぱいグラビアのページをさせていただいてから、誰とも違うかもしれないって思えて。比較対象は良い意味で自分になってるんかも。

——それってどこで思えましたか？

怜　うーん、モデルも自分もさせていただくようになってからかもしれないですね。さっきも話しましたけど、なんかまた違う見せ方と雰囲気を出せるようになったので。

——過去を振り返って印象的なグラビアのお仕事とか写真はありますか？

怜　ずっと基本、私は可愛い感じとかが多いんですけど、ファンの人と一緒につかむこと

セクシーな感じだったら、
私は結構顔の力を抜くのを
意識しています。

グラビアとかをみてメンバーとかに「大人っぽいね」とか言われることはあるんですけど、普段の自分はあんまりですね（笑）。

ができたFLASHさんの表紙ですね。自分でどんなグラビアにしたいかみたいなのを決めて、タイミング的にも「ここで大人な私を見せよう」って大人っぽい黒バニーをさせていただいたのは結構大きかったかなって思います。

――黒バニーとか、ああいうのが似合う人って少ないですよね

怜　あ、ほんとですか？　コスプレが普通に好きなので、もっともっとやりたいなって思います！

――グラビアの世界で、近いうちに目指したい目標ってありますか？

怜　雑誌の表紙ジャックは、えなこさんがやってらっしゃったのを見てすごくやりたいなーって思いますし、あと、アイドル誌の表紙を今度雑誌のBOMBさんでやらせていただくんですけど、それも嬉しくて。アイドル雑誌とかの表紙を一人、ソロで飾って、次のNMB48のシングルのときに今度はみんなで呼んでもらえたらなって思っています。

――グラビアとモデルとどちらもカバーガール、やれるといいですよね？

怜　はい！　モデルでもカバーガールをやれるようにちょっと大きくなって（笑）。女の子とかもだんだん見て下さっている方も増えているので、もっともっと増やせたら良いなって思います。グラビアもファッション雑誌もカバーガールやってる方はなかなかいないと思うので、ぜひ実現してみたいですね。

――今回のスタイルブックのタイトルは「コケティッシュ」。ちょっと大人っぽい、抜けのある感じの色っぽさでもありますが、れーちゃんから見て色っぽい女の子ってどんな感じですか？

怜　セクシーな感じだったら、私は結構顔の力を抜くのを意識しています。なんか私、手のしぐさが実は苦手だなって思っているんですけど、手の表現というか指の先までなんか大人な感じを持ってる女性とかは色っぽいし、キレイだなって思います。

――素のれーちゃんの色っぽさ……自分ではどう思ってる？

怜　私ですか？　グラビアとかをみてメンバーとかに「大人っぽいね」とか言われることはあるんですけど、普段の自分はあんまりですね（笑）。ファンの方はよく知ってるとは思うんですけど。周りのスタッフさんにも「れ～ちゃんはどっちかというと妹的存在だよね」って。最近若いメンバーとかが入ってきてちょっとお姉さんぶってはいるんですけど、芯はずっと妹気質だと思います（笑）。

――でも今回は大人っぽいグラビアにも挑戦しました。そのギャップがれーちゃんの色っぽさなのかもしれませんね？

怜　最近ステージでもなんかヘアもストレートでおろしてたりとか、今まで絶対してこなかったんですけど、するようにして。身近にいるメンバーからも「いつも可愛い感じの服を着ているのを見てるから、大人っぽいのもいいんじゃないかな？」と言われたり。そこから結構なんか買う服とかも大人っぽいのも意識するようになりました。

――れーちゃん本人は色っぽい自覚はあんまりない？

怜　ないんですよね、私……（苦笑）。

Rei Inter view

「Petite fille」に 続いて 2冊目の

スタイルブック『Coquettish』

手に取ってくださりありがとうございます☺

女性にも男性にもたくさんの方に

「色っぽい女の子」を見つけれーちゃんして

ドキドキしていただけたら嬉しいです♡

私の好きをギュッと詰め込みました！

あなたに届け〜♡

NMB48 上西怜